LA PENSÉE POSITIVE

LE POUVOIR DE CROIRE POUR TRANSFORMER VOTRE VIE

LA PENSÉE POSITIVE

LE POUVOIR DE CROIRE POUR TRANSFORMER VOTRE VIE

AP EDITIONS

© AP Editions
Tous droits réservés.
Marcq en Baroeul 2024
www.ap-editions.com
ISBN-13 : 9798325638657

Dans la même collection :

Apprendre à apprendre : les clés pour s'auto-former et vivre ses rêves - courant 2024

www.ap-editions.com

PROLOGUE

Bienvenue, cher lecteur, dans un voyage de transformation personnelle, un voyage où les frontières de ce qui semble possible seront repoussées par la force de votre propre esprit. "La Pensée Positive : Le Pouvoir de Croire pour Transformer Votre Vie" n'est pas simplement un livre ; c'est une invitation à redéfinir votre réalité à travers le prisme de croyances puissantes et optimistes.

Pourquoi la pensée positive ? Parce que chaque pensée que nous entretenons est comme une graine plantée dans le sol de notre conscience. Certaines de ces graines grandissent pour devenir des arbres robustes sous lesquels nous pouvons trouver refuge, d'autres restent latentes, et certaines peuvent même empoisonner notre jardin intérieur. Choisir d'entretenir des pensées positives est comme choisir de cultiver un jardin rempli de fleurs au lieu de mauvaises herbes.

Dans ce livre, nous explorerons ensemble comment les croyances façonnent chaque aspect de notre existence, de notre santé mentale et physique à nos relations et carrières. Nous découvrirons comment de simples ajustements dans notre façon de penser peuvent déclencher des changements profonds et durables qui améliorent non seulement notre propre vie mais aussi celles de ceux qui nous entourent.

Vous apprendrez à identifier et à remodeler les croyances qui vous limitent, à renforcer celles qui vous soutiennent, et à créer un ensemble de convictions qui vous propulseront vers le succès et le bien-être. À travers des exemples concrets, des exercices pratiques, et des réflexions personnelles, ce livre vous guidera dans la construction d'une fondation solide sur laquelle vous pourrez bâtir la vie que vous avez toujours désirée.

Alors que vous tournez cette première page, laissez derrière vous vos doutes et vos incertitudes. Ouvrez votre esprit et votre cœur à la puissance de la pensée positive, et préparez-vous à être émerveillé par le pouvoir de croire.

L'aventure commence maintenant. Êtes-vous prêt à transformer votre vie ?

Table des matières

CHAPITRE 1 — 1

Introduction — 1
I. Définition et importance des croyances — 1
II. Le pouvoir transformateur des croyances positives — 4
III. Aperçu du livre : Objectifs et attentes — 7

CHAPITRE 2 — 10

Fondements des Croyances Positives — 10
I. Formation des croyances — 10
II. Impact des croyances — 14
III. Science des croyances — 17

CHAPITRE 3 — 21

Techniques pour cultiver des croyances positives — 21
I. Méditation et visualisation — 21
II. 20 exercices de méditation et de visualisation — 25
III. Affirmations positives — 29
IV. 20 exercices d'Affirmations positives — 32
V. Création d'un environnement favorable — 36
VI. 20 conseils pour se créer un environnement favorable — 40

CHAPITRE 4 — 45

Cas pratiques et histoires de transformation — 45

I. Témoignages personnels	45
II. Analyse de cas	51
III. Leçons à tirer	54

CHAPITRE 5 — 59

Maintenir et nourrir les croyances positives — 59
I. Pratiques quotidiennes — 59
II. 20 Exercices à pratiquer — 63
III. 10 habitudes à éliminer pour avancer — 67
IV. Gestion des revers — 70
V. Engagement à long terme — 75

CHAPITRE bonus — 79
Utiliser la pensée positive pour atteindre vos objectifs — 79

Épilogue — 82

Vous **aimez** ce guide ?

N'hésitez pas à nous le faire savoir en mettant un commentaire dans le lien ci-dessous :

Nous sommes une jeune maison d'édition et vos retours sont importants pour nous !

CHAPITRE 1

Introduction

I. DÉFINITION ET IMPORTANCE DES CROYANCES

Définition des croyances

Les croyances sont des convictions ou des acceptations que certaines choses sont vraies ou réelles. Elles peuvent concerner des faits sur le monde, des interprétations d'expériences passées, ou des attentes concernant l'avenir. Ces croyances ne sont pas toujours basées sur des preuves tangibles ou une logique stricte, mais elles influencent néanmoins la manière dont nous percevons et interagissons avec le monde autour de nous.

Formation des croyances

Les croyances se forment à travers une combinaison de facteurs:

- **Expériences personnelles** : Ce que nous vivons directement peut avoir un impact puissant sur ce que nous croyons. Par exemple, si quelqu'un réussit à plusieurs reprises dans ses efforts, il peut développer la croyance qu'il est compétent et capable.

- **Influences sociales** : La famille, les amis, l'éducation, et les médias jouent tous un rôle crucial dans la formation de nos croyances. Les normes sociales, les valeurs culturelles, et les opinions dominantes dans notre environnement influencent ce que nous considérons comme vrai ou faux.

- **Émotions et besoins psychologiques** : Nos émotions et désirs peuvent également façonner nos croyances. Par exemple, le besoin d'appartenance ou de sécurité peut nous amener à adopter les croyances du groupe auquel nous voulons appartenir.

Importance des croyances dans la structuration de nos perceptions et actions

Les croyances jouent un rôle fondamental dans la structuration de nos perceptions et de nos actions de plusieurs manières:

- **Perception de la réalité** : Nos croyances filtrent la manière dont nous percevons le monde. Elles peuvent amplifier certains détails tout en en minimisant d'autres, façonnant ainsi notre réalité subjective.

- **Guide pour l'action** : Les croyances agissent comme des guides pour nos comportements et décisions. Si nous croyons que quelque chose est bénéfique pour nous, nous sommes plus susceptibles de le poursuivre; si nous pensons que quelque chose est dangereux, nous l'évitons.

- **Influence sur les émotions** : Nos croyances peuvent également déterminer nos réactions émotionnelles. Par exemple, si nous croyons que nous sommes capables de surmonter un défi, nous pouvons ressentir de la confiance plutôt que de l'anxiété face à ce défi.

Les croyances sont non seulement des affirmations sur ce qui est vrai, mais aussi des moteurs puissants qui façonnent notre interaction avec le monde. Elles déterminent notre compréhension de nous-mêmes et de notre environnement, influençant nos pensées, nos comportements, et nos émotions.
Cultiver des croyances positives est donc essentiel pour vivre une vie épanouissante et réussie, car ces croyances nous permettent de voir des opportunités là où d'autres pourraient voir des obstacles.

II. LE POUVOIR TRANSFORMATEUR DES CROYANCES POSITIVES

Impact sur la santé mentale

Les croyances positives ont un impact profond sur la santé mentale. Elles contribuent à la résilience psychologique en renforçant la capacité à gérer le stress et les adversités. Par exemple, la croyance que l'on peut apprendre et grandir de ses expériences (ce que l'on appelle la mentalité de croissance) peut mener à une meilleure adaptation face aux défis, réduisant ainsi les risques de troubles anxieux et dépressifs. Les personnes qui entretiennent des croyances positives sur elles-mêmes et leur capacité à influencer positivement leur vie sont également moins susceptibles de souffrir de stress chronique, ce qui améliore leur bien-être général.

Amélioration du bien-être

Les croyances positives influencent le bien-être en encourageant des comportements qui favorisent la santé et le bonheur. Par exemple, si quelqu'un croit que mener une vie active est bénéfique, il est plus susceptible de s'engager régulièrement dans des activités physiques, ce qui améliore sa santé physique et mentale. De plus, les croyances positives peuvent améliorer le bien-être émotionnel en favorisant des émotions comme la gratitude, l'optimisme et la satisfaction, toutes associées à une meilleure qualité de vie.

Capacité à atteindre nos objectifs

Les croyances positives jouent un rôle crucial dans la réalisation des objectifs. Elles nous motivent à poursuivre nos ambitions et à persévérer face aux obstacles. Par exemple, une personne qui croit en sa capacité à réussir ses études sera plus motivée à étudier dur et à surmonter les difficultés académiques. De même, les entrepreneurs qui possèdent une forte croyance dans le potentiel de leur entreprise sont plus enclins à prendre des risques calculés et à innover, ce qui peut conduire à un succès commercial. En outre, les croyances positives permettent souvent d'adopter une perspective plus large, aidant à voir des possibilités là où d'autres pourraient voir des impasses, facilitant ainsi la navigation dans les situations complexes pour trouver des solutions efficaces.

Rôle des attentes positives

Les attentes positives, une forme de croyance positive, peuvent déclencher un effet placebo bénéfique. Si les gens croient qu'un certain traitement ou effort va améliorer leur condition ou conduire au succès, ils sont susceptibles de percevoir une amélioration ou de réaliser de meilleurs résultats simplement en raison de cette croyance. Cela montre combien la conviction interne peut affecter les résultats externes, soulignant l'importance de cultiver des croyances qui nous soutiennent dans nos aspirations.

Les croyances positives sont une force motrice qui peut transformer notre santé mentale, améliorer notre bien-être et augmenter notre efficacité dans la poursuite de nos objectifs.
Cultiver activement ces croyances peut nous aider à réaliser notre potentiel et à vivre une vie plus enrichissante et satisfaisante.

III. APERÇU DU LIVRE : OBJECTIFS ET ATTENTES

Objectifs du livre

Ce livre, « La pensée positive : le pouvoir de croire pour transformer votre vie", a pour objectif de démontrer comment les croyances que nous entretenons façonnent non seulement notre perception du monde mais influencent également de manière significative notre bien-être, notre santé mentale et notre capacité à réaliser nos aspirations.

L'objectif principal est de guider les lecteurs à travers un processus de découverte et de renforcement de leurs croyances positives afin de leur permettre de transformer leur vie de manière concrète et durable.

Ce que les lecteurs peuvent apprendre

1. **Comprendre les croyances** : Les lecteurs apprendront ce que sont les croyances, comment elles se forment, et l'impact qu'elles peuvent avoir sur divers aspects de la vie. Cette compréhension aidera à identifier les croyances limitantes et à comprendre la nécessité de les remplacer par des croyances plus constructives.

2. **Techniques de développement des croyances positives** : Le livre offrira des méthodes et des techniques pratiques pour cultiver des croyances positives. Ces techniques incluront des exercices de méditation, de visualisation, et l'utilisation d'affirmations positives, qui aideront les lecteurs à intégrer ces croyances dans leur quotidien.

3. **Études de cas et exemples réels** : À travers des histoires inspirantes et des études de cas, les lecteurs verront comment d'autres ont réussi à transformer leurs vies en modifiant leurs croyances. Ces récits mettront en lumière les défis et les réussites associés à ce processus de transformation.

4. **Stratégies pour maintenir des croyances positives** : Le livre fournira également des conseils sur la façon de soutenir et de renforcer les croyances positives sur le long terme, en insistant sur l'importance de la résilience et de la persévérance face aux obstacles et aux revers.

Application dans la vie personnelle

Les lecteurs pourront appliquer les enseignements de ce livre dans plusieurs domaines de leur vie personnelle, tels que:

- **Amélioration de la confiance en soi** : En développant des croyances positives sur leurs capacités, les lecteurs peuvent renforcer leur estime de soi et leur confiance en soi.

- **Gestion du stress et de l'anxiété** : En adoptant une perspective plus positive, les lecteurs peuvent apprendre à gérer efficacement le stress et à réduire l'anxiété.

- **Réalisation des objectifs personnels et professionnels** : Avec des croyances renforcées, les lecteurs seront mieux équipés pour fixer et atteindre des objectifs ambitieux, tant dans leur carrière que dans leur vie personnelle.

Ce livre est conçu pour être un guide pratique et inspirant qui non seulement explique l'importance des croyances positives mais montre également comment les cultiver et les utiliser pour améliorer significativement tous les aspects de la vie.
Les lecteurs pourront prendre ce qu'ils apprennent et l'appliquer directement pour voir des changements tangibles dans leur façon de penser, de sentir, et d'agir.

CHAPITRE 2

Fondements des Croyances Positives

I. FORMATION DES CROYANCES

Processus psychologiques dans la formation des croyances

Les croyances prennent racine dans des processus psychologiques complexes qui englobent la cognition, l'émotion et la motivation.

La cognition joue un rôle clé, car notre façon de percevoir et d'interpréter les informations influence directement les croyances que nous formons. La théorie de la dissonance cognitive, par exemple, suggère que nous avons une tendance naturelle à chercher des informations qui confirment nos croyances existantes et à ignorer celles qui les contredisent, afin de maintenir une cohérence interne.

D'autre part, nos émotions affectent également nos croyances. Les émotions fortes peuvent amener à accepter une croyance plus facilement, surtout si cette croyance a un lien direct avec une expérience émotionnelle marquante.

De plus, nos motivations — comme le désir de réussir ou de se sentir en sécurité — peuvent biaiser notre processus de formation de croyances pour soutenir nos objectifs ou nos besoins.

Influence de la famille

La famille est souvent la première source significative de croyances. Dès l'enfance, les parents et les membres de la famille influencent nos perceptions du monde par les valeurs qu'ils transmettent, les attentes qu'ils posent et les comportements qu'ils modélisent.
Par exemple, si une famille valorise fortement l'éducation, les enfants sont susceptibles de développer une croyance dans l'importance de l'apprentissage et du savoir.

Rôle de l'éducation

L'éducation formelle est un autre facteur déterminant dans la formation des croyances. Les écoles nous exposent à de nouvelles idées, cultures et perspectives qui peuvent remettre en question ou renforcer nos croyances préexistantes.

Les enseignants, les mentors et les pairs peuvent tous jouer un rôle influent en introduisant des concepts qui peuvent former la base de croyances à long terme.

Impact des expériences personnelles

Les expériences personnelles sont peut-être l'influence la plus directe sur nos croyances. Chaque expérience que nous vivons peut confirmer ou contester nos croyances antérieures.
Par exemple, si quelqu'un réussit après avoir pris un risque important, il peut développer la croyance que le risque en vaut souvent la peine. Inversement, une expérience négative peut renforcer une croyance limitante ou de méfiance.

Interaction entre ces facteurs

La formation des croyances est souvent le résultat d'une interaction complexe entre ces divers facteurs. Par exemple, une personne peut avoir été élevée dans une famille qui valorise l'autonomie, encouragée par des expériences éducatives qui promeuvent l'indépendance, et renforcée par des expériences personnelles réussies d'auto-suffisance.

Ces influences convergentes façonnent des croyances profondément ancrées qui influenceront ses comportements et ses décisions à long terme.

En comprenant ces diverses influences et la manière dont elles interagissent pour former nos croyances, nous pouvons mieux appréhender pourquoi nous pensons et agissons comme nous le faisons, et potentiellement, comment nous pouvons changer ces croyances pour améliorer notre vie.

II. IMPACT DES CROYANCES

Confiance en soi

Les croyances positives telles que « Je suis capable » ou « Je peux apprendre et m'améliorer » sont cruciales pour le développement de la confiance en soi. Elles encouragent les individus à relever des défis et à persévérer face aux obstacles.

En contrastant, les croyances négatives comme « Je ne suis pas assez bon » peuvent saboter la confiance en soi, limitant ainsi les efforts personnels car les individus peuvent éviter de s'engager dans des activités où ils prévoient d'échouer.

Motivation

Les croyances positives sont des moteurs puissants de motivation. Lorsque les gens croient en la possibilité de réussir, ils sont plus enclins à investir du temps et de l'énergie dans la poursuite de leurs objectifs. Une croyance dans la valeur personnelle ou professionnelle de leurs actions peut également augmenter l'engagement et la persistance.

À l'inverse, des croyances négatives sur l'efficacité personnelle ou sur les résultats attendus peuvent réduire la motivation, menant à l'apathie ou au désengagement.

Bien-être général

Les croyances positives peuvent directement et indirectement améliorer le bien-être général. Directement, elles influencent les émotions quotidiennes; les individus se sentent plus heureux et plus satisfaits lorsqu'ils croient que leurs vies sont significatives et qu'ils ont le contrôle sur leur destin. Indirectement, des croyances positives sur la santé peuvent encourager des comportements qui soutiennent le bien-être physique, comme une bonne alimentation et l'exercice régulier.

Les croyances négatives, par contre, peuvent mener à des états émotionnels comme l'anxiété et la dépression, et peuvent dissuader les comportements sains, exacerbant les problèmes de santé et diminuant la qualité de vie globale.

Relations sociales

Les croyances ont également un impact sur la façon dont les individus interagissent avec les autres. Les croyances positives sur les autres, comme croire que les gens sont fondamentalement bons ou dignes de confiance, peuvent conduire à des interactions plus ouvertes et coopératives, renforçant les relations sociales et le soutien réseau.

En revanche, des croyances négatives peuvent conduire à des comportements défensifs ou hostiles, ce qui peut détériorer les relations et contribuer à un sentiment d'isolement social.

Capacité à gérer le stress et les défis

Les croyances jouent un rôle majeur dans la façon dont les individus perçoivent et réagissent au stress. Les personnes qui croient pouvoir gérer efficacement les défis sont susceptibles de voir les situations stressantes comme des occasions de croissance (une perspective de « défi »), tandis que ceux qui doutent de leurs capacités peuvent voir les mêmes situations comme menaçantes ou insurmontables (une perspective de « menace »). Cette différence de perception peut affecter leur capacité à gérer le stress et à surmonter les difficultés.

> En somme, les croyances positives et négatives façonnent notre réalité de manière profonde, influençant tout, de notre auto-perception à nos interactions avec le monde extérieur. Cultiver activement des croyances positives peut donc jouer un rôle transformateur, ouvrant la voie à une meilleure qualité de vie, à une plus grande réalisation personnelle et à des relations plus enrichissantes.

III.SCIENCE DES CROYANCES

La psychologie et les sciences du comportement ont amassé un vaste corpus de recherches qui mettent en lumière les effets bénéfiques des croyances positives.

Voici quelques études clés qui soutiennent l'importance des croyances positives :

1. L'effet placebo et les attentes positives

L'une des démonstrations les plus fascinantes de la puissance des croyances positives est l'effet placebo. Les recherches montrent que lorsque les patients croient qu'ils reçoivent un traitement efficace, même s'ils reçoivent un placebo, ils peuvent expérimenter une amélioration réelle de leur condition. Une étude publiée dans le "New England Journal of Medicine" a montré que les placebos peuvent être presque aussi efficaces que les médicaments actifs dans certains cas, simplement en raison des attentes positives des patients.

2. La mentalité de croissance

Carol Dweck, une psychologue de Stanford, a introduit le concept de mentalités fixes et de croissance. Ses recherches, publiées dans son livre "Mindset: The New Psychology of Success", indiquent que les personnes avec une mentalité de croissance (qui croient que leurs compétences peuvent être développées) ont tendance à être plus résilientes face à l'échec et plus motivées que celles avec une mentalité fixe (qui croient que leurs compétences sont des traits innés et immuables). Cette croyance en la capacité de croissance personnelle influence directement le succès académique, professionnel, et personnel.

3. Optimisme et santé

Des études ont montré que l'optimisme, une croyance positive générale en des résultats favorables, est lié à de meilleurs résultats de santé. Une revue de recherche publiée dans "Psychological Bulletin" a analysé des données longitudinales et a trouvé que les niveaux plus élevés d'optimisme étaient associés à une réduction du risque de maladies cardiaques, à une meilleure immunité et à une longévité accrue.

4. Croyances positives et bien-être psychologique

La recherche a également exploré comment les croyances positives affectent le bien-être psychologique. Une étude publiée dans "Journal of Personality and Social Psychology" a découvert que les personnes qui perçoivent le sens et la valeur dans leur vie (une forme de croyance positive) ont des niveaux plus élevés de bien-être et moins de dépression.

5. Croyances sur le contrôle personnel et l'efficacité

La théorie de l'auto-efficacité développée par Albert Bandura, un psychologue renommé, suggère que la croyance en sa propre capacité à réussir dans des situations spécifiques peut améliorer les chances de succès. Les recherches montrent que les personnes qui ont une forte auto-efficacité sont plus susceptibles de relever des défis, de persévérer face à l'adversité et de réussir dans leurs entreprises.

> Ces études et d'autres similaires illustrent clairement comment des croyances positives ne sont pas seulement des pensées agréables à avoir; elles jouent un rôle crucial dans notre capacité à fonctionner et à prospérer. En comprenant et en intégrant ces principes soutenus par la recherche, les individus peuvent façonner activement des croyances qui les soutiennent dans la poursuite de vies plus saines, plus heureuses et plus réussies.

Vous aimez ce guide ?

N'hésitez pas à nous le faire savoir en mettant un commentaire dans le lien ci-dessous :

Nous sommes une jeune maison d'édition et vos retours sont importants pour nous !

CHAPITRE 3

Techniques pour cultiver des croyances positives

I. MÉDITATION ET VISUALISATION

Méditation pour le renforcement des croyances positives

La méditation est une pratique puissante pour cultiver des pensées et des croyances positives. Elle aide à clarifier l'esprit, réduire le stress, et à focaliser l'attention sur des attitudes constructives. Voici quelques techniques spécifiques :

1. **Méditation de pleine conscience** : Cette forme de méditation implique de se concentrer sur le moment présent sans jugement. En pratiquant régulièrement, les individus apprennent à observer leurs pensées et émotions négatives sans s'y attacher, ce qui permet d'introduire des

croyances plus positives et réalistes sur eux-mêmes et le monde autour d'eux.

2. **Méditation sur les affirmations positives** : Intégrer des affirmations dans la méditation peut renforcer les croyances positives. Par exemple, répéter mentalement des phrases telles que « Je suis capable de surmonter les obstacles » ou « Chaque jour, je deviens une meilleure version de moi-même » pendant la méditation peut ancrer ces croyances dans l'esprit subconscient.

3. **Méditation de visualisation** : Cette technique implique de se visualiser en train de réussir ou d'atteindre un but spécifique. Imaginer clairement le succès peut renforcer la croyance en la possibilité de sa réalisation et augmenter la motivation et la confiance en soi.

Visualisation pour réaliser des objectifs

La visualisation est une technique qui consiste à créer une image mentale détaillée d'un résultat désiré. Elle est souvent utilisée par les athlètes, les entrepreneurs, et les artistes pour améliorer la performance et réaliser leurs ambitions. Voici comment elle peut être appliquée :

1. **Définir l'objectif clairement** : Avant de visualiser, il est crucial de définir clairement l'objectif que l'on souhaite atteindre. Cela inclut

les détails de ce que l'on veut accomplir, quand, et comment.

2. **Créer une scène détaillée** : En utilisant l'imagination, construire une scène aussi détaillée que possible où l'objectif est atteint. Visualiser non seulement le résultat final mais aussi les étapes nécessaires pour y arriver. Inclure des sensations, des sons, et des émotions associés au succès pour rendre l'expérience plus réelle.

3. **Pratiquer régulièrement** : La visualisation est plus efficace lorsqu'elle est pratiquée régulièrement. Consacrer un temps chaque jour à visualiser activement le succès peut programmer l'esprit à reconnaître et à poursuivre les opportunités qui conduisent à la réalisation de cet objectif.

4. **Utiliser des aides visuelles** : Pour renforcer l'effet de la visualisation, utiliser des aides visuelles comme des tableaux de vision ou des listes d'objectifs peut aider à maintenir l'objectif à l'esprit et à continuer à nourrir les croyances positives à son égard.

En combinant méditation et visualisation, les individus peuvent créer un puissant moteur psychologique pour renforcer les croyances positives et concrétiser leurs aspirations. Ces techniques aident non seulement à visualiser le succès mais aussi à développer la résilience et la persévérance nécessaires pour surmonter les défis sur le chemin vers l'atteinte des objectifs.

II. 20 EXERCICES DE MÉDITATION ET DE VISUALISATION

Voici 20 exercices de méditation et de visualisation qui peuvent enrichir votre pratique personnelle et renforcer votre capacité à rester centré et positif :

Méditation

1. **Méditation de pleine conscience** : Asseyez-vous tranquillement et concentrez-vous uniquement sur votre respiration. Remarquez chaque inspiration et expiration sans jugement.

2. **Méditation guidée** : Utilisez des applications ou des vidéos en ligne pour suivre des méditations guidées sur divers sujets comme la réduction du stress ou la manifestation des désirs.

3. **Méditation marchée** : Pratiquez la pleine conscience en marchant lentement et en vous concentrant sur le mouvement de chaque pas.

4. **Méditation de scan corporel** : Allongez-vous et passez mentalement en revue chaque partie de votre corps, relâchant la tension à chaque étape.

5. **Méditation de compassion** : Concentrez-vous sur l'envoi d'énergie positive et de pensées de bien-être à vous-même et aux autres.

6. **Méditation sur un mantra** : Répétez un mantra positif ou un son comme "Om" pour aider à focaliser votre esprit et élever votre vibration.

7. **Méditation de chakra** : Concentrez-vous sur l'équilibrage et l'activation de chaque chakra, du bas de la colonne vertébrale jusqu'au sommet de la tête.

8. **Méditation de gratitude** : Réfléchissez aux choses pour lesquelles vous êtes reconnaissant dans votre vie, ressentant la gratitude dans votre cœur.

9. **Méditation de visualisation** : Visualisez un lieu paisible, comme une plage ou une forêt, et imaginez-vous y explorer, ressentant la sérénité et la paix.

10. **Méditation du silence** : Asseyez-vous en silence total pendant un temps déterminé, simplement présent avec vos pensées sans réaction ni jugement.

Visualisation

11. **Visualisation d'objectifs** : Imaginez-vous atteignant un objectif spécifique, ressentez les émotions associées à ce succès.

12. **Visualisation de guérison** : Visualisez une lumière ou une énergie qui guérit passant à travers votre corps, ciblant les zones de douleur ou de maladie.

13. **Visualisation de détente** : Imaginez une vague de relaxation descendant de votre tête jusqu'à vos pieds, détendant chaque muscle.

14. **Visualisation de l'énergie** : Imaginez une source d'énergie lumineuse au-dessus de votre tête, absorbant cette énergie dans chaque partie de votre corps.

15. **Visualisation de réussite** : Imaginez des scènes de votre vie future où vous avez réussi dans divers domaines, que ce soit professionnel, personnel ou autre.

16. **Visualisation de l'amour** : Visualisez-vous entouré d'une lumière d'amour et de chaleur, ressentant un amour inconditionnel pour vous-même et les autres.

17. **Visualisation créative** : Utilisez votre imagination pour créer des scènes artistiques ou des solutions innovantes à des problèmes dans votre esprit.

18. **Visualisation d'ancrage** : Imaginez des racines qui poussent de vos pieds et s'enfoncent dans la terre, vous stabilisant et vous renforçant.

19. **Visualisation de l'eau** : Imaginez une cascade d'eau claire tombant sur vous, lavant le stress et les tensions.

20. **Visualisation d'ouverture** : Visualisez votre cœur s'ouvrant et s'élargissant, prêt à recevoir et à donner de l'amour et de la positivité.

Ces exercices de méditation et de visualisation peuvent être pratiqués quotidiennement ou intégrés dans votre routine selon le besoin pour améliorer votre clarté mentale, réduire le stress, et augmenter votre bien-être global.

III. AFFIRMATIONS POSITIVES

Les affirmations positives sont des déclarations concises et intentionnelles utilisées pour instiller une pensée ou croyance constructive dans l'esprit. En répétant régulièrement ces affirmations, vous pouvez influencer positivement vos pensées subconscientes, ce qui aide à transformer les attitudes négatives ou limitantes en visions plus optimistes et réalisables de vous-même et de vos capacités.

Création d'affirmations positives

1. **Soyez précis et positif** : Vos affirmations doivent être formulées de manière positive et concerner des objectifs précis. Par exemple, au lieu de dire « Je ne veux pas être stressé », vous pourriez dire « Je suis calme et centré ».

2. **Utilisez le temps présent** : Même si vous aspirez à un changement futur, formulez votre affirmation au temps présent pour renforcer l'impression que le changement est déjà en cours. Par exemple, « Je suis compétent et qualifié dans mon travail » plutôt que « Je serai compétent et qualifié ».

3. **Intégrez des émotions** : Ajoutez une composante émotionnelle pour renforcer l'impact de l'affirmation. Par exemple, « Je me sens joyeux et énergique aujourd'hui » peut être plus efficace que « Je suis joyeux et énergique ».

4. **Gardez-les réalistes et atteignables** : Vos affirmations doivent être crédibles et réalisables. Affirmer quelque chose de trop loin de votre réalité actuelle peut augmenter le scepticisme interne et réduire l'efficacité de la pratique.

Utilisation d'affirmations positives

1. **Répétition régulière** : La clé pour intégrer des affirmations dans votre système de croyances est la répétition. Répétez vos affirmations plusieurs fois par jour, notamment le matin après le réveil et le soir avant de dormir, moments où votre esprit est plus réceptif.

2. **Utilisation de rappels visuels** : Placez vos affirmations où vous pouvez les voir régulièrement, comme sur votre bureau, le réfrigérateur, ou en fond d'écran de votre téléphone ou ordinateur.

3. **Méditation avec affirmations** : Intégrez vos affirmations dans votre pratique méditative. Durant la méditation, répétez vos affirmations mentalement pour une immersion profonde.

4. **Affirmations enregistrées** : Enregistrez vos affirmations et écoutez-les. Entendre votre propre voix répéter ces croyances positives peut augmenter leur impact.

5. **Consistance et patience** : Comme toute habitude, l'intégration des affirmations positives dans votre vie nécessite de la consistance et de la patience. Ne vous découragez pas si vous ne voyez pas de changement immédiat. La transformation des croyances prend du temps.

En intégrant les affirmations positives dans votre routine quotidienne, vous pouvez commencer à modifier votre dialogue intérieur, renforcer votre estime de soi, et vous motiver à agir vers vos objectifs. C'est un outil puissant pour cultiver une mentalité qui non seulement envisage le succès mais travaille activement pour l'atteindre.

IV. 20 EXERCICES D'AFFIRMATIONS POSITIVES

Voici 20 exercices d'affirmation positive qui peuvent vous aider à renforcer votre estime de soi, à améliorer votre mentalité, et à manifester vos désirs :

1. **Démarrez la journée positivement** : Commencez chaque matin en disant à haute voix : « Aujourd'hui sera une excellente journée ! »

2. **Affirmations devant le miroir** : Chaque matin, regardez-vous dans le miroir et répétez : « Je suis capable, je suis fort(e), je suis intelligent(e) ».

3. **Affirmations pour surmonter le stress** : Lorsque vous vous sentez stressé(e), respirez profondément et dites : « Je suis calme et en contrôle de mes émotions. »

4. **Affirmations pour booster la confiance** : Avant une réunion importante ou un événement stressant, répétez : « Je suis confiant(e) et compétent(e) dans ce que je fais. »

5. **Écriture d'affirmations** : Écrivez vos affirmations positives sur des post-it et collez-les où vous pouvez les voir régulièrement.

6. **Affirmations de gratitude** : Chaque soir, notez trois choses pour lesquelles vous êtes reconnaissant(e) et pourquoi, en commençant par « Je suis reconnaissant(e) pour... »

7. **Affirmations de visualisation** : Visualisez un futur succès et associez-le à des affirmations comme « Je réussis tout ce que j'entreprends ».

8. **Répétition d'affirmations pendant l'exercice** : Lorsque vous faites de l'exercice, synchronisez vos affirmations avec vos mouvements pour renforcer leur impact.

9. **Affirmations de compassion** : Pour renforcer l'empathie, répétez : « Je suis aimant(e) et aimé(e) par ceux qui m'entourent. »

10. **Chanson d'affirmation** : Créez une petite chanson ou un jingle avec vos affirmations préférées et chantez-la quotidiennement.

11. **Affirmations pour le coucher** : Avant de dormir, répétez : « Je mérite du repos, et je me réveillerai frais/fraîche et dispos(e). »

12. **Affirmations pour la santé** : Pour encourager une bonne santé, utilisez : « Chaque jour, je deviens plus fort(e) et plus sain(e). »

13. **Affirmations pour l'abondance** : Pour attirer la prospérité, dites : « L'abondance vient à moi facilement et naturellement. »

14. **Affirmations pour l'amour** : Pour améliorer vos relations, affirmez : « Je suis digne d'amour et je construis des relations saines. »

15. **Affirmations de résilience** : En face de l'adversité, renforcez votre ténacité avec : « Je surmonte les défis avec grâce et facilité. »

16. **Affirmations pour la paix intérieure** : Cultivez la sérénité avec : « Je suis en paix avec moi-même et avec le monde autour de moi. »

17. **Affirmations pour l'acceptation de soi** : Pour renforcer l'estime de soi, dites : « Je m'accepte complètement tel(le) que je suis. »

18. **Affirmations pour le courage** : Avant de faire face à une peur, répétez : « Je suis courageux(se) et je fais face à mes peurs. »

19. **Affirmations pour le pardon** : Pour guérir les blessures émotionnelles, utilisez : « Je pardonne aux autres et je me libère. »

20. **Affirmations pour le changement positif** : Pour embrasser le changement, affirmez : « J'accueille le changement comme une opportunité pour grandir. »

Ces exercices peuvent être personnalisés selon vos besoins spécifiques et répétés régulièrement pour maximiser leur efficacité. Ils servent non seulement à améliorer votre état d'esprit, mais aussi à créer une réalité positive dans votre vie quotidienne.

V. CRÉATION D'UN ENVIRONNEMENT FAVORABLE

L'environnement dans lequel nous évoluons a un impact profond sur nos croyances et notre comportement. S'entourer de personnes et d'influences qui renforcent les croyances positives est essentiel pour soutenir un développement personnel et professionnel continu.

Voici quelques conseils pour créer un environnement qui favorise ce type de croissance positive :

Choisissez soigneusement votre entourage

- **Personnes positives et motivantes** : Entourez-vous de personnes qui partagent une attitude positive et qui encouragent vos ambitions. La présence de personnes optimistes et motivées peut augmenter votre propre niveau d'énergie et votre motivation.

- **Mentors et guides** : Recherchez des mentors qui ont réussi dans les domaines qui vous intéressent. Ils peuvent offrir non seulement des conseils précieux mais aussi un modèle de ce que vous aspirez à devenir.

Participer à des groupes et des communautés inspirantes

- **Groupes professionnels ou clubs** : Rejoignez des associations professionnelles, des clubs de lecture, ou des groupes de sport qui alignent avec vos valeurs et objectifs. Cela peut vous aider à rester engagé et inspiré.

- **Communautés en ligne** : Engagez-vous dans des forums en ligne et des réseaux sociaux où les membres encouragent le soutien mutuel, le partage de ressources et les encouragements.

Consommez des médias qui enrichissent

- **Livres et articles** : Choisissez des lectures qui encouragent la croissance personnelle et le développement des compétences. Les biographies de personnes qui ont surmonté des défis peuvent être particulièrement inspirantes.

- **Podcasts et vidéos** : Écoutez des podcasts et regardez des vidéos qui stimulent la positivité et l'apprentissage. De nombreux créateurs de contenu se concentrent sur des thèmes de développement personnel, de succès et de bien-être.

Créer un espace physique qui inspire

- **Organisation et décoration** : Aménagez votre espace de travail et votre maison de manière à ce qu'ils soient ordonnés et reflètent vos aspirations. Un environnement propre et bien organisé peut améliorer votre humeur et votre productivité.

- **Symboles de succès et aspirations** : Placez des objets qui symbolisent vos succès passés et vos futurs objectifs autour de vous. Cela peut inclure des diplômes, des trophées, des images inspirantes, ou même des listes de tâches visibles.

Évitez les influences négatives

- **Réduire l'exposition aux médias négatifs** : Soyez conscient de l'impact des nouvelles et des médias sociaux sur votre état d'esprit. Limitez votre exposition à des informations déprimantes ou anxiogènes.

- **Distanciez-vous des personnes toxiques** : Éloignez-vous des personnes qui sapent vos croyances positives ou qui vous tirent constamment vers le bas. La présence de telles personnes peut diminuer votre énergie et affecter négativement votre perspective.

En créant intentionnellement un environnement qui soutient et renforce les croyances positives, vous mettez en place les conditions idéales pour une croissance personnelle continue et la réalisation de vos objectifs les plus ambitieux. Cela vous aide non seulement à maintenir une perspective optimiste mais aussi à développer des habitudes et des comportements qui conduisent au succès.

VI. 20 CONSEILS POUR SE CRÉER UN ENVIRONNEMENT FAVORABLE

Créer un environnement favorable est crucial pour soutenir votre développement personnel et professionnel.

Voici 20 conseils qui peuvent vous aider à cultiver un tel environnement :

1. **Débarrassez votre espace de travail** : Organisez régulièrement votre bureau ou votre espace de travail pour éliminer le désordre et améliorer votre productivité.

2. **Créez un coin méditation** : Aménagez un petit espace chez vous dédié à la méditation et à la relaxation, avec des coussins, des bougies, et éventuellement de la musique douce ou des sons naturels.

3. **Optimisez votre environnement numérique** : Organisez les fichiers sur votre ordinateur, nettoyez votre boîte de réception et gérez vos abonnements aux médias sociaux pour réduire le stress numérique.

4. **Cultivez un jardin ou des plantes d'intérieur** : Le jardinage, même à petite échelle, peut réduire le stress et améliorer votre humeur.

5. **Utilisez des couleurs apaisantes** : Peignez votre espace dans des couleurs qui vous inspirent ou vous calment, comme le bleu, le vert ou le gris doux.

6. **Décorez avec des objets inspirants** : Entourez-vous d'art, de citations inspirantes, ou de photos de lieux et de personnes que vous aimez.

7. **Adoptez une routine matinale** : Commencez votre journée par des pratiques qui renforcent votre énergie et votre positivité, comme la lecture, l'écriture, ou l'exercice.

8. **Instaurez des rituels de fin de journée** : Terminez votre journée avec des activités relaxantes comme lire, écouter de la musique douce, ou prendre un bain chaud.

9. **Créez une playlist motivante** : Compilez une liste de musiques qui boostent votre humeur et vous inspirent pour l'écouter pendant le travail ou les tâches ménagères.

10. **Organisez des rencontres motivantes** : Planifiez régulièrement des rencontres avec des amis ou des collègues qui vous soutiennent et vous inspirent.

11. **Participez à des groupes de soutien ou des ateliers** : Rejoignez des groupes en ligne ou locaux qui partagent vos intérêts ou vos objectifs pour un soutien et une inspiration constants.

12. **Engagez-vous dans des activités bénévoles** : Le bénévolat peut non seulement aider les autres, mais aussi vous apporter une grande satisfaction personnelle.

13. **Établissez des frontières claires** : Apprenez à dire non et à établir des limites saines dans vos relations personnelles et professionnelles pour préserver votre énergie.

14. **Pratiquez la gratitude quotidienne** : Tenez un journal de gratitude ou prenez un moment chaque jour pour réfléchir aux choses pour lesquelles vous êtes reconnaissant.

15. **Adoptez des affirmations positives** : Écrivez des affirmations qui renforcent votre confiance et votre optimisme et placez-les où vous pouvez les voir régulièrement.

16. **Minimisez les distractions** : Éliminez les distractions inutiles de votre environnement, surtout lorsqu'il est temps de se concentrer ou de se détendre.

17. **Investissez dans votre développement** : Allouez du temps et des ressources pour suivre

des cours, des ateliers, ou lire des livres qui contribuent à votre croissance personnelle.

18. **Créez des traditions familiales ou amicales** : Des traditions régulières peuvent renforcer les relations et créer un sentiment de stabilité et de bonheur.

19. **Planifiez des pauses nature** : Prenez le temps de sortir à l'extérieur chaque jour, que ce soit pour une promenade dans un parc local ou juste pour respirer de l'air frais.

20. **Célébrez vos succès** : Prenez le temps de reconnaître et de célébrer vos réalisations, grandes et petites, pour renforcer votre motivation et votre satisfaction personnelle.

En intégrant ces pratiques dans votre vie, vous pouvez créer un environnement qui non seulement soutient votre bien-être actuel, mais vous inspire également à poursuivre et à atteindre de nouveaux objectifs.

Vous **aimez** ce guide ?

N'hésitez pas à nous le faire savoir en mettant un commentaire dans le lien ci-dessous :

Nous sommes une jeune maison d'édition et vos retours sont importants pour nous !

CHAPITRE 4

Cas pratiques et histoires de transformation

I. TÉMOIGNAGES PERSONNELS

Les témoignages personnels sont une source puissante d'inspiration et peuvent illustrer concrètement l'impact des croyances positives sur la vie des individus.

Voici quelques exemples de personnes qui ont transformé leur existence en adoptant des croyances positives :

L'histoire de Maya : Surmonter l'échec par la résilience

Maya était une entrepreneuse qui avait subi plusieurs échecs commerciaux. Plutôt que de se laisser abattre par ces revers, elle a choisi de croire que chaque échec lui offrait des leçons précieuses et la rendait plus apte à réussir à l'avenir. Cette croyance positive dans sa capacité à apprendre et à évoluer l'a motivée à persévérer. Avec cette nouvelle approche, elle a finalement lancé une entreprise prospère qui reflétait ses passions et ses expériences accumulées. Sa croyance en la résilience et l'apprentissage continu l'a aidée à transformer ses défis passés en succès.

L'histoire de James : De l'insécurité à la confiance

James était un employé de bureau qui luttait contre un manque de confiance en lui et des doutes persistants sur ses compétences professionnelles. Après avoir participé à un atelier sur le développement personnel, il a commencé à intégrer des affirmations positives dans sa routine quotidienne, se concentrant sur ses forces et ses capacités. En quelques mois, James a ressenti une augmentation notable de sa confiance, ce qui s'est traduit par une performance améliorée au travail et une promotion. Sa nouvelle croyance en sa valeur personnelle et professionnelle a transformé sa carrière et son bien-être général.

L'histoire de Sarah : Guérison et espoir

Sarah a été diagnostiquée avec une maladie chronique qui menaçait de limiter sévèrement sa qualité de vie. Initialement accablée par le diagnostic, elle a décidé de focaliser son énergie sur des croyances positives concernant sa santé et sa capacité à influencer son bien-être par des moyens naturels et des changements de style de vie. En adoptant une attitude optimiste et proactive, elle a remarqué une amélioration significative dans sa gestion des symptômes et sa santé globale. Sa conviction que son attitude pouvait influencer sa santé l'a aidée à vivre une vie plus pleine et plus active malgré sa condition.

L'histoire de Tom : De la timidité à l'orateur public

Tom était extrêmement timide et redoutait de prendre la parole en public. Cependant, confronté à la nécessité de présenter régulièrement lors de réunions pour son nouveau rôle, il a commencé à utiliser la visualisation pour se voir parler avec confiance et éloquence. Au fil du temps, ces visualisations ont renforcé sa croyance en sa capacité à être un orateur efficace. Non seulement Tom est devenu à l'aise avec les discours publics, mais il a également été invité à donner des séminaires sur la communication, transformant une faiblesse en une de ses plus grandes forces.

L'histoire de Clara : De la peur du changement à l'entrepreneuse innovante

Clara travaillait dans une entreprise stable mais non épanouissante. Inspirée par des récits de personnes ayant changé de carrière avec succès, elle a commencé à croire fermement qu'elle pouvait aussi trouver du succès et de la satisfaction dans une nouvelle voie. Armée de cette nouvelle croyance, elle a pris le risque de quitter son emploi pour lancer sa propre startup dans le domaine du développement durable, ce qui a transformé sa vie professionnelle et personnelle en lui apportant une profonde satisfaction et un sens renouvelé du but.

L'histoire de Benjamin : Vaincre la dépression par la force des croyances positives

Après des années de lutte contre la dépression, Benjamin a découvert le pouvoir de la pensée positive grâce à un programme thérapeutique. En adoptant l'habitude de remplacer ses pensées négatives par des affirmations positives sur sa valeur et ses capacités, il a progressivement vu sa vie s'améliorer. Cette nouvelle approche lui a permis de retrouver de l'énergie et de l'optimisme pour poursuivre ses passions et renouer avec ses amis et sa famille.

L'histoire de Daniela : De l'isolement à la connexion communautaire

Daniela se sentait souvent isolée et inutile dans sa communauté. En changeant sa croyance qu'elle était une outsider sans influence, et en s'engageant dans des activités de volontariat local, elle a découvert qu'elle pouvait faire une différence significative. Sa nouvelle croyance en son pouvoir d'impact et en la valeur du service communautaire l'a aidée à établir des connexions profondes et à trouver un sens à sa vie.

L'histoire de Lucas : De la peur de l'échec à la réussite académique

Lucas craignait tant l'échec qu'il évitait de prendre des risques dans ses études. Après avoir travaillé avec un coach de vie, il a commencé à croire qu'il pouvait apprendre de chaque échec et que chaque tentative était une opportunité de croissance. Avec cette nouvelle perspective, il a excelle dans ses cours universitaires, explorant des sujets difficiles et contribuant activement en classe, ce qui lui a valu de nombreux éloges académiques et une confiance renforcée.

L'histoire de Nora : De l'insécurité à la confiance en soi dans les relations

Nora avait du mal à établir des relations saines en raison de son insécurité et de sa faible estime de soi. En intégrant des affirmations positives et en pratiquant la pleine conscience, elle a commencé à croire en sa valeur et à comprendre que ses qualités étaient dignes d'amour et de respect. Cette transformation lui a permis de développer des relations plus fortes et plus satisfaisantes, à la fois en amitié et en amour.

Ces histoires montrent comment des changements dans les croyances peuvent avoir des effets profonds sur divers aspects de la vie, allant de la réussite professionnelle à la santé personnelle et au bien-être émotionnel. Elles illustrent la puissance des croyances positives et leur capacité à nous motiver et à transformer notre réalité.

II. ANALYSE DE CAS

L'analyse de cas concrets de personnes ayant transformé leur vie grâce à un changement de croyances offre des aperçus précieux sur la manière dont les attitudes mentales peuvent influencer le succès personnel et professionnel.

Voici quelques exemples qui illustrent ce phénomène :

Le cas de Clara : Entrepreneurship et résilience

Clara a débuté sa carrière dans une grande entreprise, mais son rêve était de lancer sa propre société de conseil. Initialement, sa peur de l'échec la retenait. Après avoir assisté à une conférence sur l'entrepreneuriat, elle a adopté une croyance selon laquelle chaque échec est une étape vers le succès. Cette nouvelle perspective l'a poussée à prendre des risques calculés. Elle a finalement quitté son emploi et lancé son entreprise, qui a connu un succès croissant grâce à sa volonté d'expérimenter, d'apprendre et de s'adapter rapidement aux échecs mineurs. Sa croyance dans la valeur des échecs comme opportunités d'apprentissage a été cruciale pour son succès entrepreneurial.

Le cas de Michael : Carrière dans les technologies et auto-amélioration

Michael travaillait comme développeur dans une start-up technologique. Sa croyance initiale était qu'il n'était pas assez bon pour progresser au-delà de son rôle technique actuel. Cependant, après avoir reçu des encouragements de son mentor, il a commencé à croire qu'il pouvait se développer au-delà de ses compétences techniques actuelles. Investissant dans des formations pour améliorer ses compétences en leadership et en gestion, Michael a rapidement gravi les échelons, devenant chef de projet puis directeur technique. Sa transformation était alimentée par la croyance renouvelée en sa capacité à apprendre et à diriger.

Le cas de Anita : Surmonter le syndrome de l'imposteur

Anita, une scientifique dans un domaine dominé par les hommes, luttait contre le syndrome de l'imposteur, croyant qu'elle n'était pas aussi compétente que ses collègues masculins. Cette croyance la freinait dans sa carrière, l'empêchant de postuler à des promotions et de soumettre ses recherches à des publications de renom. Après une série de sessions de coaching, Anita a commencé à reconnaître et à remettre en question ses croyances limitantes. Elle a adopté une nouvelle croyance en sa propre valeur et en sa compétence, ce qui a boosté sa confiance. En conséquence, elle a obtenu plusieurs promotions et a été reconnue pour ses contributions innovantes à la recherche. Le changement de ses croyances a non seulement amélioré sa carrière, mais a également inspiré d'autres femmes dans son domaine.

Le cas de Jason : Transformation physique et mentale

Jason, un employé de bureau en surpoids et en mauvaise santé, croyait qu'il était trop tard pour changer son mode de vie. Inspiré par les récits de personnes ayant réalisé des transformations physiques remarquables, Jason a décidé de changer sa croyance en son incapacité à se remettre en forme. Il a adopté une routine quotidienne d'exercices physiques et a changé son alimentation. Au fil du temps, non seulement il a perdu du poids significatif, mais il a aussi amélioré sa santé globale et son bien-être mental. Sa nouvelle croyance en sa capacité à changer sa condition physique a eu des répercussions positives sur tous les aspects de sa vie, y compris sa performance au travail.

> Ces cas montrent comment un changement fondamental dans les croyances peut débloquer le potentiel personnel et conduire à des succès remarquables. Chaque histoire souligne l'importance de cultiver des croyances qui soutiennent et renforcent les capacités et les aspirations individuelles, plutôt que de les limiter.

III. LEÇONS À TIRER

Les histoires de transformation individuelle grâce à un changement de croyances offrent de précieuses leçons qui peuvent être appliquées dans la vie quotidienne pour encourager le développement personnel et le succès.

Voici les enseignements clés tirés de ces témoignages :

La puissance de la mentalité de croissance

- **Leçon principale** : Croire en la capacité de croître et de s'améliorer peut transformer des obstacles en opportunités. Adopter une mentalité de croissance encourage à embrasser les défis comme des moyens de développement personnel et professionnel.

- **Application quotidienne** : Face à un défi, rappelez-vous que chaque effort contribue à votre croissance. Cherchez activement des opportunités d'apprentissage et de développement, même dans des situations difficiles.

L'importance de l'auto-affirmation

- **Leçon principale** : Les affirmations positives peuvent renforcer l'estime de soi et la confiance, essentielles pour atteindre des objectifs personnels et professionnels.

- **Application quotidienne** : Pratiquez des affirmations quotidiennes qui renforcent votre valeur personnelle et votre compétence. Par exemple, commencez votre journée en disant : « Je suis capable de gérer ce qui vient aujourd'hui » ou « Je suis un apprenant rapide et efficace ».

Le rôle des influences et de l'environnement

- **Leçon principale** : S'entourer de personnes et d'environnements qui soutiennent vos croyances positives est crucial pour maintenir la motivation et la résilience.

- **Application quotidienne** : Évaluez votre cercle social et professionnel. Engagez-vous davantage avec ceux qui vous encouragent et vous inspirent. Créez un espace de travail qui reflète vos aspirations et qui stimule votre productivité.

Surmonter les croyances limitantes

- **Leçon principale** : Identifier et remettre en question les croyances limitantes est essentiel pour libérer votre potentiel et ouvrir la voie à de nouvelles possibilités.

- **Application quotidienne** : Soyez attentif à vos pensées auto-limitantes. Lorsque vous vous surprenez à douter de vos capacités, questionnez la validité de ces pensées et remplacez-les par des croyances qui soulignent vos forces et vos capacités.

La constance est clé

- **Leçon principale** : La persévérance dans la pratique des croyances positives est nécessaire pour voir des changements durables.
- **Application quotidienne** : Intégrez des pratiques de renforcement des croyances positives dans votre routine régulière, comme la méditation, la visualisation, et la réflexion. La régularité de ces pratiques renforce leur impact au fil du temps.

Célébrer chaque succès

- **Leçon principale** : Reconnaître et célébrer les succès, même les plus petits, peut renforcer les croyances positives et augmenter la motivation.

- **Application quotidienne** : Prenez le temps de célébrer vos réussites. Cela peut être aussi simple que de tenir un journal de succès où vous notez vos réalisations quotidiennes. Cette pratique peut augmenter la satisfaction personnelle et encourager la poursuite des objectifs à long terme.

> En intégrant ces leçons dans la vie quotidienne, chacun peut commencer à voir comment des croyances positives transforment activement la réalité, facilitant un chemin vers le succès et le bien-être. Chaque histoire souligne qu'avec la bonne mentalité, les défis peuvent devenir des tremplins vers des réalisations plus grandes, affirmant la force incroyable de ce que nous choisissons de croire sur nous-mêmes et sur notre monde.

Vous **aimez** ce guide ?

N'hésitez pas à nous le faire savoir en mettant un commentaire dans le lien ci-dessous :

Nous sommes une jeune maison d'édition et vos retours sont importants pour nous !

CHAPITRE 5

Maintenir et nourrir les croyances positives

I. PRATIQUES QUOTIDIENNES

Maintenir un état d'esprit positif et renforcer la croyance en ses propres capacités nécessite un engagement quotidien envers des pratiques et des routines bénéfiques.

Voici quelques suggestions pour intégrer ces pratiques dans votre quotidien :

Journal de gratitude

- **Description** : Commencez ou terminez chaque journée en notant trois choses pour lesquelles vous êtes reconnaissant. La gratitude augmente la positivité en vous aidant à reconnaître et à apprécier les bonnes choses de votre vie.

- **Application quotidienne** : Gardez un petit carnet spécifiquement pour votre journal de gratitude et prenez quelques minutes chaque matin ou soir pour réfléchir à ce qui vous a apporté joie ou satisfaction.

Méditation et pleine conscience

- **Description** : La méditation aide à réduire le stress et à clarifier l'esprit, ce qui est essentiel pour maintenir un état d'esprit positif. La pleine conscience vous permet de vivre le moment présent et d'éviter de vous perdre dans les inquiétudes du futur ou les regrets du passé.

- **Application quotidienne** : Intégrez une pratique de méditation de 10 à 20 minutes dans votre routine matinale. Utilisez des applications de méditation guidée si vous êtes débutant ou simplement prenez le temps de respirer profondément et de vous concentrer sur votre respiration.

Affirmations positives

- **Description** : Les affirmations sont des déclarations positives que vous vous dites pour renforcer la confiance et la motivation. Elles façonnent votre subconscient pour qu'il accepte certaines croyances sur vous-même et sur vos capacités.

- **Application quotidienne** : Choisissez quelques affirmations qui résonnent avec vos objectifs et vos besoins. Répétez-les à voix haute chaque matin ou écrivez-les dans un journal pour renforcer leur impact.

Fixation et révision des objectifs

- **Description** : Définir des objectifs clairs et les réviser régulièrement vous aide à rester concentré et motivé. Cela renforce également la croyance que vous pouvez atteindre vos aspirations.
- **Application quotidienne** : Prenez quelques minutes chaque semaine pour évaluer vos progrès vers vos objectifs et ajustez vos actions en conséquence. Utilisez un journal ou une application de gestion de tâches pour suivre vos avancements.

Exercice physique

- **Description** : L'exercice régulier ne bénéficie pas seulement à votre santé physique, mais améliore aussi votre état mental. L'activité physique libère des endorphines, des hormones qui sont des boosteurs naturels de l'humeur.

- **Application quotidienne** : Intégrez une forme d'activité physique que vous appréciez dans votre routine quotidienne, même si c'est juste une courte promenade, du yoga matinal, ou une séance de danse dans votre salon.

Lecture et apprentissage continu

- **Description** : L'apprentissage continu vous aide à rester mentalement stimulé et ouvert à de nouvelles idées, ce qui renforce les croyances positives sur votre capacité à apprendre et à vous adapter.

- **Application quotidienne** : Lisez des livres, écoutez des podcasts, ou regardez des documentaires qui inspirent ou éduquent. Consacrez au moins 30 minutes par jour à enrichir votre esprit.

En intégrant ces pratiques dans votre vie quotidienne, vous créez un environnement qui nourrit un état d'esprit positif et renforce vos croyances en vos propres capacités, deux éléments cruciaux pour une vie personnelle et professionnelle épanouie.

II. 20 EXERCICES À PRATIQUER

Voici une liste de 20 exercices pratiques pour incorporer la pensée positive et renforcer les croyances positives dans votre vie quotidienne :

1. **Journal de gratitude** : Commencez chaque jour par écrire trois choses pour lesquelles vous êtes reconnaissant.

2. **Méditation matinale** : Pratiquez 10 minutes de méditation chaque matin pour clarifier votre esprit et vous centrer.

3. **Affirmations positives** : Écrivez et répétez des affirmations positives qui renforcent vos croyances en vos capacités et en votre valeur personnelle.

4. **Lecture motivante** : Dédiez 15 minutes chaque jour à la lecture de livres ou d'articles qui inspirent et motivent.

5. **Visualisation** : Passez 5 à 10 minutes par jour à visualiser vos objectifs comme déjà atteints, ressentant les émotions associées au succès.

6. **Marche de pleine conscience** : Faites une courte marche quotidienne en vous concentrant pleinement sur l'expérience sensorielle de la marche.

7. **Exercice physique** : Intégrez une activité physique quotidienne pour améliorer à la fois votre santé physique et mentale.

8. **Réflexion quotidienne** : Prenez 10 minutes chaque soir pour réfléchir à votre journée, en notant les succès et les leçons apprises.

9. **Déconnexion digitale** : Allouez une heure par jour pour vous déconnecter complètement de tous les appareils électroniques.

10. **Respiration profonde** : Pratiquez des exercices de respiration profonde chaque fois que vous vous sentez stressé ou dépassé.

11. **Célébration des petites victoires** : Prenez le temps de célébrer même les petites réussites quotidiennes.

12. **Alimentation consciente** : Faites au moins un repas par jour en pleine conscience, en prêtant attention à chaque bouchée.

13. **Écriture de journal** : Écrivez vos pensées et sentiments dans un journal pour mieux comprendre vos schémas de pensée.

14. **Écoute active** : Lorsque vous interagissez avec les autres, pratiquez l'écoute active pour renforcer vos relations.

15. **Apprentissage de quelque chose de nouveau** : Défiez votre cerveau en apprenant un nouveau fait, un mot ou une compétence chaque jour.

16. **Garder une liste de tâches** : Organisez votre journée avec une liste de tâches claire pour réduire le stress et augmenter la productivité.

17. **Pratique de la gentillesse** : Faites un acte de gentillesse aléatoire chaque jour, que ce soit pour un étranger, un ami, ou un membre de la famille.

18. **Définition d'intentions** : Définissez une intention claire pour votre journée chaque matin, ce qui vous aidera à rester concentré sur vos objectifs.

19. **Éviter les pensées négatives** : Lorsque vous remarquez une pensée négative, prenez un moment pour la reconnaître, puis réorientez consciemment votre pensée vers quelque chose de positif.

20. **Réseautage positif** : Interagissez régulièrement avec des groupes ou des individus qui partagent une approche positive de la vie pour renforcer vos propres croyances positives.

Ces exercices sont conçus pour être intégrés dans le quotidien de manière à encourager un état d'esprit positif, à renforcer les croyances personnelles, et à promouvoir une vie plus épanouissante et productive.

III. 10 HABITUDES À ÉLIMINER POUR AVANCER

Pour cultiver un état d'esprit positif et améliorer votre bien-être général, envisagez d'éliminer les habitudes négatives suivantes :

1. **Cultiver le pessimisme** : Évitez de toujours envisager le pire scénario. Essayez de chercher les aspects positifs ou les opportunités dans chaque situation.

2. **Se plaindre fréquemment** : Bien que l'expression des frustrations soit normale, une plainte constante peut renforcer une perspective négative et affecter votre humeur ainsi que celle des autres autour de vous.

3. **Ruminer le passé** : Se focaliser sur les erreurs ou les regrets passés empêche le progrès. Concentrez-vous plutôt sur le présent et planifiez l'avenir.

4. **Se comparer aux autres** : La comparaison constante avec les autres peut saper votre estime de soi et votre satisfaction personnelle. Célébrez vos propres succès et parcourez votre propre chemin.

5. **S'entourer de négativité** : Que ce soit des personnes, des nouvelles ou des réseaux sociaux, un environnement négatif peut drainer votre énergie. Choisissez des influences qui vous inspirent et vous soutiennent.

6. **Négliger l'auto-soin** : L'omission des soins personnels de base comme une alimentation saine, l'exercice régulier, et un sommeil suffisant peut affecter négativement votre état mental. Prenez soin de votre corps et de votre esprit.

7. **Ne pas fixer de limites** : Ne pas avoir de limites claires peut conduire à un stress et un ressentiment accrus. Apprenez à dire non et à établir des limites saines avec les autres.

8. **Ignorer les petits plaisirs** : Ne pas prendre le temps d'apprécier les petites joies quotidiennes peut vous rendre moins conscient des aspects positifs de votre vie. Pratiquez la gratitude pour les petites choses.

9. **Éviter les nouvelles expériences** : Rester dans votre zone de confort peut limiter votre croissance et votre bonheur. Soyez ouvert à essayer de nouvelles choses et à prendre des risques calculés.

10. **Garder des attentes irréalistes** : Attendre trop de vous-même ou des autres peut mener à la déception. Fixez des objectifs et des attentes

réalistes et soyez indulgent envers vous-même et les autres.

> Travailler à éliminer ces habitudes peut non seulement aider à renforcer un état d'esprit positif mais aussi améliorer votre qualité de vie globale, en vous permettant de vous sentir plus satisfait, motivé et heureux.

IV. GESTION DES REVERS

Faire face aux échecs et aux doutes est une partie inévitable de la poursuite de tout objectif.

Voici des stratégies pour gérer ces revers sans perdre la foi en vos croyances positives :

Reconnaître et accepter les émotions

- **Description** : Les émotions négatives comme la déception, la frustration ou la tristesse sont des réponses naturelles aux échecs. Reconnaître et accepter ces émotions comme des réactions normales peut vous aider à les traiter plus efficacement.

- **Application quotidienne** : Lorsque vous ressentez une émotion négative, prenez un moment pour l'identifier et l'accepter sans jugement. Utilisez des techniques de respiration ou de méditation pour vous aider à gérer vos réactions émotionnelles.

Analyse objective des échecs

- **Description** : Transformer les échecs en opportunités d'apprentissage peut changer votre perspective sur les revers. Analyser objectivement ce qui a mal tourné et pourquoi peut vous aider à éviter de répéter les mêmes erreurs.

- **Application quotidienne** : Après un échec, prenez le temps de réfléchir à la situation. Notez ce que vous pourriez améliorer et comment vous pourriez adapter vos stratégies à l'avenir.

Maintenir une perspective à long terme

- **Description** : Il est facile de se laisser submerger par un revers temporaire. Garder une perspective à long terme peut vous aider à voir au-delà de l'échec immédiat et à comprendre comment il s'intègre dans votre parcours global.

- **Application quotidienne** : Remémorez-vous vos objectifs à long terme et comment chaque expérience, même négative, vous rapproche de ces objectifs. Cela peut aider à minimiser l'impact des revers temporaires.

Soutien social

- **Description** : Le soutien des amis, de la famille ou des collègues peut être crucial dans les moments difficiles. Partager vos doutes et vos frustrations peut alléger votre fardeau émotionnel et vous fournir des perspectives extérieures utiles.

- **Application quotidienne** : Cultivez des relations de soutien et n'hésitez pas à vous tourner vers ces personnes quand les choses ne vont pas comme prévu. Leur soutien peut vous aider à rester positif.

Réaffirmation des croyances positives

- **Description** : Les affirmations peuvent renforcer votre résilience mentale et vous rappeler vos capacités et vos valeurs.

- **Application quotidienne** : Répétez des affirmations qui renforcent votre confiance en vous et votre capacité à surmonter les difficultés. Par exemple, « Je suis résilient et apprends de chaque situation » ou « Chaque échec est un pas de plus vers le succès ».

Célébrer les petites victoires

- **Description** : Reconnaître et célébrer les progrès, même mineurs, peut améliorer votre humeur et votre motivation, surtout après un revers.

- **Application quotidienne** : Faites un effort conscient pour identifier et célébrer les petites victoires chaque jour. Cela peut aider à maintenir une perspective positive et à reconnaître votre progression, malgré les défis.

Ajustement des objectifs et des stratégies

- **Description** : Parfois, un échec indique qu'un changement de direction est nécessaire. Réévaluer et ajuster vos objectifs et vos méthodes peut être une approche proactive pour surmonter les obstacles.

- **Application quotidienne** : Si vous rencontrez des obstacles récurrents, envisagez de modifier vos objectifs ou votre approche. Restez flexible et ouvert à l'expérimentation de nouvelles stratégies.

En adoptant ces stratégies, vous pouvez mieux gérer les revers et maintenir une attitude positive, ce qui est essentiel pour réussir à long terme. Chaque échec est une opportunité de croissance, et avec la bonne approche, vous pouvez continuer à avancer avec confiance et optimisme.

V. ENGAGEMENT À LONG TERME

L'engagement à long terme envers le développement personnel est essentiel pour réaliser une croissance continue et significative. Cultiver la résilience par le biais de croyances positives est une stratégie clé pour maintenir cet engagement, même en face des défis inévitables de la vie.

Voici comment approfondir cet engagement et renforcer la résilience :

Comprendre l'importance de la constance

- **Description** : Le développement personnel est un processus sans fin qui nécessite dévouement et constance. Un engagement à long terme permet de surmonter les plateaux de croissance et les périodes de stagnation qui sont naturels dans tout parcours d'apprentissage.

- **Application quotidienne** : Intégrez des pratiques de développement personnel dans votre routine quotidienne. Cela pourrait inclure la lecture, la méditation, l'écriture réflexive, ou des cours en ligne. L'important est de rendre ces pratiques régulières et non négociables.

Cultiver une mentalité de croissance

- **Description** : Adopter une mentalité de croissance, c'est croire que vos compétences et vos capacités peuvent être développées par le biais de l'effort et de la persévérance. Cette croyance vous rend plus résilient face aux échecs et plus ouvert aux opportunités d'apprentissage.

- **Application quotidienne** : Lorsque vous rencontrez des défis ou des échecs, identifiez ce que vous pouvez en apprendre plutôt que de vous focaliser sur le négatif. Utilisez ces leçons pour améliorer vos stratégies futures.

Établir des objectifs à long terme clairs

- **Description** : Avoir des objectifs à long terme clairs peut vous motiver et vous guider. Ces objectifs servent de phare, vous aidant à naviguer à travers les difficultés et à rester focalisé sur ce qui est le plus important.

- **Application quotidienne** : Définissez des objectifs annuels et divisez-les en objectifs mensuels ou hebdomadaires. Révisez régulièrement vos progrès et ajustez vos plans en conséquence.

Soutien social et professionnel

- **Description** : S'entourer de personnes qui soutiennent vos efforts de développement personnel peut renforcer votre résilience et vous motiver à continuer, surtout lors des moments difficiles.

- **Application quotidienne** : Rejoignez des groupes ou des communautés, que ce soit en ligne ou en personne, qui partagent vos intérêts de développement personnel. Cherchez des mentors ou des coaches qui peuvent vous guider et vous encourager.

Pratiquer la résilience consciente

- **Description** : La résilience n'est pas seulement une capacité à récupérer des revers, mais aussi une compétence qui peut être développée et renforcée par des pratiques conscientes.

- **Application quotidienne** : Développez une routine pour réfléchir à vos réactions aux stress et aux défis. Identifiez des stratégies qui ont fonctionné pour vous et pensez à comment vous pouvez les améliorer ou les adapter à de nouvelles situations.

Auto-récompense et célébration des succès

- **Description** : Reconnaître et célébrer vos succès renforce les croyances positives et vous encourage à rester engagé dans votre développement personnel.

- **Application quotidienne** : Fixez des jalons dans votre parcours de développement personnel et planifiez des récompenses lorsque vous les atteignez. Cela peut être quelque chose de simple comme une soirée de détente, une sortie spéciale, ou l'achat de quelque chose que vous désirez.

En maintenant un engagement à long terme envers votre développement personnel et en cultivant activement la résilience à travers des croyances positives, vous vous positionnez pour une croissance continue et profonde. Cela vous permet non seulement d'atteindre vos objectifs personnels et professionnels mais aussi de mener une vie plus épanouie et résiliante.

CHAPITRE BONUS

Utiliser la pensée positive pour atteindre vos objectifs

Ce chapitre explore comment la pensée positive peut être stratégiquement utilisée pour fixer, poursuivre, et atteindre des objectifs personnels et professionnels.

Étape 1: Fixation d'Objectifs Positifs

- **Définition d'Objectifs Clairs et Positifs** : Apprenez à définir des objectifs qui sont non seulement spécifiques et mesurables, mais aussi formulés de manière positive pour inspirer l'action.

- **Visualisation des Résultats Désirés** : Utiliser la visualisation comme un outil puissant pour voir le résultat final de vos objectifs, renforçant ainsi la motivation et la clarté de votre chemin à suivre.

Étape 2: Cultiver des Croyances qui Soutiennent Vos Objectifs

- **Identification et Remodelage des Croyances Limitantes** : Méthodes pour identifier les croyances qui peuvent vous freiner et techniques pour les transformer en croyances qui soutiennent votre succès.

- **Affirmations Alignées avec les Objectifs** : Création et pratique quotidienne d'affirmations qui renforcent les croyances positives et l'auto-efficacité en lien avec vos objectifs.

Étape 3: Maintenir la Motivation par la Pensée Positive

- **Techniques de Renforcement Positif** : Utilisez le renforcement positif pour maintenir la motivation, y compris des récompenses pour les petites victoires et la célébration des progrès.

- **Journalisation pour le Succès** : Tenir un journal de vos succès et de vos réflexions augmente votre motivation et vous fournir des insights précieux pour l'avenir.

Étape 4: Surmonter les Obstacles avec la Pensée Positive

- **Reframing des Défis** : Apprenez à voir les obstacles non comme des blocages mais comme des opportunités de croissance et d'apprentissage.

- **Stratégies de Résilience** : Développez des stratégies basées sur la pensée positive pour rester résilient face aux revers et continuer à avancer vers vos objectifs.

Étape 5: Évaluation et Ajustement des Objectifs

- **Évaluation Régulière des Progrès** : Mettez en place un système pour évaluer régulièrement vos progrès vers vos objectifs et ajustez vos plans et vos croyances en conséquence.

- **Flexibilité et Adaptation** : Rester flexible dans votre approche et prêt à adapter vos objectifs et méthodes en fonction de nouvelles informations ou changements de circonstances.

Utiliser la pensée positive pour atteindre vos objectifs n'est pas juste une question d'optimisme. C'est une stratégie pratique qui nécessite un engagement conscient à penser, planifier, et agir de manière positive. En appliquant les techniques de ce chapitre, vous pourrez transformer vos aspirations en réalisations tangibles.

ÉPILOGUE

Alors que nous arrivons à la fin de ce voyage à travers "Le Pouvoir de Croire", j'espère que vous vous sentez équipé et inspiré pour mettre en pratique les principes et stratégies que nous avons explorés ensemble. Ce livre a été conçu non seulement comme un guide mais aussi comme un compagnon dans votre parcours de croissance personnelle, vous encourageant à regarder au-delà des limites apparentes et à redéfinir ce qui est possible pour vous-même.

Vous avez découvert l'importance fondamentale des croyances dans la formation de notre réalité et comment, en choisissant consciemment des croyances positives, vous pouvez transformer tous les aspects de votre vie. Les témoignages de ceux qui ont réussi à changer leur vie en modifiant leurs croyances soulignent que cette transformation est non seulement possible mais à la portée de tous.

Au-delà de la théorie et des conseils pratiques, le véritable pouvoir de ce livre réside dans son application dans votre vie quotidienne. Chaque chapitre vous a invité à réfléchir et à agir, vous poussant à implémenter de petits changements qui, cumulés, peuvent avoir un impact monumental. La méditation, les affirmations, et la visualisation ne sont pas de simples exercices, mais des outils pour forger une vie dirigée par vos valeurs et aspirations les plus profondes.

En vous engageant à appliquer ces principes, vous découvrirez peut-être que le plus grand changement n'est pas dans le monde qui vous entoure, mais en vous-même. Votre perception de qui vous pouvez être et de ce que vous pouvez accomplir s'élargira, et avec elle, votre réalité se transformera.

Je vous encourage à rester curieux et ouvert dans votre quête continue de croissance. Les croyances sont dynamiques ; elles évoluent comme vous évoluez. Ce que vous croyez possible aujourd'hui peut être seulement le début de ce que vous réaliserez demain.

Merci d'avoir pris ce chemin avec nous. Que vos croyances vous portent vers des horizons toujours plus lumineux et élevés. Souvenez-vous, le pouvoir de croire est le plus grand pouvoir que vous possédez.

Vous aimez ce guide ?

N'hésitez pas à nous le faire savoir en mettant un commentaire dans le lien ci-dessous :

Nous sommes une jeune maison d'édition et vos retours sont importants pour nous !

Copyright © 2024 - AP EDITIONS. Tous droits réservés. Aucune partie de cette publication ne peut être reproduite, distribuée ou transmise sous quelque forme que ce soit, y compris la photocopie, l'enregistrement ou d'autres méthodes, électroniques ou mécaniques, sans l'autorisation écrite préalable de l'éditeur. Ceci est à l'exception des cas de citations brèves dans les critiques et certaines autres utilisations non commerciales autorisées par la loi sur le droit d'auteur. Les événements historiques, personnages et lieux mentionnés dans cette œuvre sont utilisés de manière fictive ou réelle. Toutefois, dans le cas où ils sont fictifs, cela est fait pour respecter l'anonymat.

L'utilisation de ce guide se fait sous l'entière responsabilité de l'utilisateur, l'auteur se dégageant de toute responsabilité quant aux décisions prises et aux actions entreprises sur la base des informations qu'il contient.

Printed in France by Amazon
Brétigny-sur-Orge, FR